CHAMBRE DE COMMERCE DE TOULOUSE

CONVENTION DU 20 MARS 1883

POUR LA PROTECTION

DE

# LA PROPRIÉTÉ INDUSTRIELLE

## RAPPORT

PRÉSENTÉ

### Par M. Edmond de PLANET

Vice-Président de la Chambre de Commerce.

TOULOUSE

IMPRIMERIE DOULADOURE-PRIVAT

RUE SAINT-ROME, 39

1886

CHAMBRE DE COMMERCE DE TOULOUSE

CONVENTION DU 20 MARS 1883

POUR LA PROTECTION

DE

# LA PROPRIÉTÉ INDUSTRIELLE

RAPPORT

PRÉSENTÉ

## Par M. Edmond de PLANET

Vice-Président de la Chambre de Commerce.

TOULOUSE

IMPRIMERIE DOULADOURE-PRIVAT

RUE SAINT-ROME, 39

1886

CHAMBRE DE COMMERCE DE TOULOUSE

# CONVENTION INTERNATIONALE

## DU 20 MARS 1883

### RELATIVE à la PROTECTION de la PROPRIÉTÉ INDUSTRIELLE

# RAPPORT

MESSIEURS,

Par ses deux circulaires des 23 juillet et 28 octobre derniers, M. le Ministre du commerce demande à la Chambre de lui faire connaître les observations qu'elle croirait devoir lui présenter au sujet de la convention internationale du 20 mars 1883, sur la protection de la propriété industrielle.

La question dont il s'agit ayant une importance capitale, vous en avez renvoyé l'examen à une Commission qui m'a fait l'honneur de me nommer son rapporteur[1].

La propriété industrielle, qui comprend, vous le

---

1. Cette Commission se compose de MM. DECAMPS, MANUEL, DEFFÈS, MAILHOS, MILLAS et Edmond de PLANET, *rapporteur*.

*.

savez, Messieurs, les brevets d'invention, les marques de fabrique, les dessins et modèles, les noms commerciaux, avait été jusqu'ici sauvegardée, en France, par la loi du 5 juillet 1844, complétée dans certaines de ses dispositions par la loi du 23 juin 1857, notamment en ce qui concerne les marques de fabrique et de commerce. Cette législation, protectrice des intérêts nationaux, a été depuis lors constamment appliquée en France, et nulle objection n'avait été soulevée contre elle, ni à l'intérieur, ni à l'étranger.

Mais certains esprits, toujours à la recherche d'une perfectibilité le plus souvent décevante, conçurent, il y a quelques années, l'idée d'assurer une protection plus large et plus étendue à la propriété industrielle, restreinte et limitée, selon eux, par la législation en vigueur.

C'est dans ce but, plusieurs d'entre nous se le rappellent comme moi, qu'un Congrès, composé de membres plus ou moins partisans de la liberté commerciale, se réunit à Paris, en 1878, lors de l'Exposition universelle.

Les vœux qui furent émis au sein de ce Congrès eurent pour principal objet la constitution d'une union internationale, destinée à la protection de cette propriété industrielle. A cet effet, une Commission permanente fut chargée par le Congrès de faire les démarches tendant à la réalisation de son vœu. Cette même Commission reçut encore le mandat de demander aux Gouvernements des Etats représentés au Congrès de vouloir bien adhérer à la réunion d'une conférence internationale officielle, dans laquelle seraient posées les bases d'un projet de convention.

Les démarches de la Commission auprès du Gouvernement français eurent un plein succès; à son invitation formulée dans le sens des vœux émis par le Congrès répondirent dix-sept Etats, lesquels envoyèrent des délégués. Leur réunion eut lieu du 4 au 20 novembre 1880 au Ministère des affaires étrangères, à Paris. Si nos renseignements sont exacts, c'est dans cette réunion que fut élaboré le projet de convention que l'on soumit aux diverses puissances du monde civilisé qui, ultérieurement, furent invitées à envoyer des délégués à Paris. Dix-neuf représentants de ces Etats se présentèrent, le 6 mars 1883, au Ministère des affaires étrangères. Leur adhésion au projet fut loin d'être unanime : onze Etats seulement consentirent à la donner immédiatement; quant aux huit autres, ils ajournèrent leur décision.

Il fut arrêté que la convention dont il s'agit serait ratifiée et que les ratifications en seraient échangées à Paris, dans le délai d'un an au plus tard, après quoi les plénipotentiaires respectifs la signèrent le 20 mars 1883 et y apposèrent leurs cachets.

Ces formalités remplies, la convention fut soumise au Parlement français, qui l'approuva presque sans discussion, par une loi dont la promulgation a eu lieu le 6 juillet 1884 et sa mise en vigueur le lendemain.

De cet exposé sommaire qui l'a précédée, il résulte, la Chambre l'a compris, que la convention du 20 mars 1883 est entièrement l'œuvre du Gouvernement français qui en a négocié les conditions par voie diplomatique avec les puissances étrangères, à la sollicitation, pour ne pas dire sous la pression, des membres d'un Congrès officieux, animés, sans doute, d'ex-

cellentes intentions, mais cédant à coup sûr à des en-
traînements plus ardents que prudents.

. . Il est de règle gouvernementale et économique,
aujourd'hui, que les projets de loi qui touchent aux
grands intérêts industriels et commerciaux de notre
pays soient soumis à l'examen des Chambres de commerce et autres corps français institués pour prêter à
l'Etat le concours de leurs lumières et de leur expérience. Or, aucun des corps représentants naturels et
légaux de ces intérêts n'a été consulté, alors qu'il
s'agissait d'une question internationale grave; au
point de vue de la protection que réclame plus que jamais, de nos jours, la propriété industrielle de nos
nationaux; question rendue plus grave encore par le
refus de quatre grandes puissances : la Russie, l'Alle-
magne, l'Autriche-Hongrie et les Etats-Unis, d'adhérer à la convention, réservant par ce moyen, à leurs
régnicoles, le droit d'exploiter à leur profit l'œuvre
des Etats contractants.

Les inconvénients d'une telle manière de procéder
n'ont pas tardé à se révéler.

En effet, depuis le 6 juillet 1884, date de la promulgation de la loi, une année ne s'était pas encore écou-
lée que la convention du 20 mars 1883, votée par cette
loi, était l'objet de vives protestations de la part des
intéressés français, qui se trouvèrent lésés par plusieurs de ses dispositions. .

. Les plaintes se multipliant et prenant même un ca-
ractère d'acuité plus grande, M. le Ministre du commerce crut, avec juste raison, par une circulaire qui
porte la date du 23 juillet 1885, faire ce à quoi on
n'avait pas songé tout d'abord, c'est-à-dire consulter

les Chambres de commerce, avec prière de lui faire parvenir, le plus tôt possible, les observations qu'elles pourraient avoir à présenter au sujet de la convention du 20 mars 1883 précitée. C'est donc en vertu de cette circulaire et de celle du 28 octobre suivant que, comme les autres Chambres françaises, la Chambre de commerce de Toulouse se trouve saisie de la question.

Pour qu'elle puisse répondre utilement au désir de M. le Ministre, il est indispensable que je fasse connaître à la Chambre le texte même de la convention, et, pour plus de clarté, de faire suivre chacun des dix-neuf articles qu'elle comprend des observations auxquelles ils nous paraîtront devoir donner lieu; voici donc la teneur de cet acte international :

### ARTICLE PREMIER.

Les gouvernements de la Belgique, du Brésil, de l'Espagne, de la France, du Guatémala, de l'Italie, des Pays-Bas, du Portugal, du Salvador, de la Serbie et de la Suisse sont constitués à l'état d'Union pour la protection de la propriété industrielle [1].

Tous ceux qui, comme nous, ont étudié la législation étrangère relative à la protection de la propriété industrielle ont dû à bon droit s'étonner de voir figurer, parmi les adhérents à l'Union, des Etats tels que la Suisse, la Hollande et la Serbie, dont la législation ne protège en aucune manière les brevets d'invention.

En effet, la loi fédérale du 9 décembre 1879 et le règlement du 2 octobre 1880 protègent bien les marques de fabrique et de commerce, les noms commer-

1. Les gouvernements de la Grande-Bretagne, de l'Équateur et de Tunis ont, depuis qu'elle a été conclue, adhéré à cette Union.

ciaux, les dessins et modèles industriels ; mais elle est muette en ce qui concerne les brevets d'invention. Il en est de même de là législation des Etats néerlandais, dont l'article 24 du traité de commerce et de navigation, conclu à La Haye le 7 juillet 1865, s'applique uniquement aux marques de fabrique ou de commerce, à l'exclusion des brevets d'invention et, sans doute, des noms commerciaux, car cet article 24, ainsi conçu : « Les sujets des hautes parties contractantes jouiront, dans les Etats de l'autre, de la même protection que les nationaux pour tout ce qui concerne la propriété des marques de fabrique et de commerce. » se tait sur deux des points les plus importants de la question.

Un tel défaut d'uniformité entre ces deux, ou, pour mieux dire, ces trois législations, car la Serbie est dans le même cas, et la législation française, peut-il se concilier avec le principe de réciprocité si étrangement méconnu dans la convention ? Nous ne le pensons pas.

Il suffit, à cet égard, de faire observer que, par cet acte, la France s'oblige à une protection dont elle ne trouvera point l'équivalent dans les Etats avec lesquels elle se lie.

### ART. 2.

Les sujets ou citoyens de chacun des États contractants jouiront dans tous les autres Etats de l'Union, en ce qui concerne les brevets d'invention, les dessins ou modèles industriels, les marques de fabrique ou de commerce et le nom commercial, des avantages que les lois respectives accordent actuellement ou accorderont par la suite aux nationaux.

En conséquence, ils auront la même protection et le même recours légal contre toute atteinte portée à leurs droits, sous réserve de l'accomplissement des formalités et des conditions imposées aux nationaux par la législation intérieure de chaque Etat.

Quels sont les avantages accordés par cet article aux brevetés français en Suisse, en Hollande, en Serbie? Ils sont nuls, car ces Etats ne protègent pas les brevets d'invention. Il en résulte clairement que leurs sujets peuvent parfaitement se faire breveter en France, y jouir de tous les droits qu'elle accorde aux nationaux, alors que ceux-ci se verront refuser le dépôt de leurs brevets dans ces Etats ; la partie n'est donc pas égale, et cette inégalité n'est pas ce qu'il y a de moins choquant dans la convention.

Pour justifier la situation privilégiée faite à ces Etats, les promoteurs de la convention invoquent les dispositions des articles 27, 28 et 29, titre III, de la loi de 1844 qui la consacrent et qu'ils n'ont pas fait autre chose que de les reproduire dans la convention. Cela est vrai; mais il y a une distinction importante à faire entre la loi de 1844 et la convention : la loi de 1844 est une loi entièrement française et qui peut être discrétionnairement modifiée, même abrogée, le cas échéant, par le Gouvernement français, tandis que la convention est un acte international qui ne peut être ni modifié ni changé par la volonté d'un seul des contractants. La convention, sous ce rapport, enchaîne donc la liberté de la France qui, elle, au contraire, la laisse entière aux Etats précités, qui ne manqueront pas de la mettre à profit au détriment de notre industrie pendant tout le temps qu'ils le jugeront utile aux intérêts de leurs nationaux, et cette situation, pensons-nous, peut durer longtemps, car l'espoir de l'Union d'amener prochainement, par voie diplomatique, ces Etats à conformer leur législation à la nôtre, nous paraît tout à fait illusoire.

Certes, loin de nous la pensée de présumer défavorablement des résolutions à prendre par les Etats qui font ou feront partie de l'Union, à l'endroit du mouvement ascendant des idées de progrès à notre époque, mais sans partager à ce point de vue l'optimisme exagéré de M. Bozérian, l'honorable président de la Conférence, ni les appréhensions, en sens contraire, de ceux qui ne sacrifient pas aveuglément aux théories économiques d'une école trop avancée pour n'être pas dangereuse, il nous semble qu'une sage prévoyance eût conseillé d'attendre que le principe de la réciprocité absolue eût été adopté par tous les Etats contractants, sans exception, et formulé d'une manière uniforme dans leurs législations respectives. L'expérience démontre, en effet, que malheureusement encore les libéralités économiques de nation à nation sont rarement payées de retour, quand elles ne sont pas la ruine de leurs intérêts agricoles, industriels et commerciaux.

Art. 3.

Sont assimilés aux sujets ou citoyens des Etats contractants, les sujets ou citoyens des Etats ne faisant pas partie de l'Union, qui sont domiciliés ou ont des établissements industriels ou commerciaux sur le territoire de l'un des Etats de l'Union.

Ici disparaît encore, pour l'Etat français, la faculté de modifier, si les circonstances l'exigeaient, la loi de 1844 complétée par celle des 20-31 mai 1856, laquelle

permet aux étrangers d'exploiter en France les brevets
d'invention qui leur ont été délivrés dans notre pays.
Cette loi est devenue contractuelle, et il ne saurait
désormais y être rien changé sans le consentement
des Etats qui ont adhéré à l'Union, qu'ils conforment
ou non leur législation avec la législation française.
C'est là, nous le répétons, une générosité toute gra-
tuite dont notre industrie, déjà si éprouvée par la
concurrence étrangère, pourrait bien, une fois de
plus, payer les frais.

Il est vrai que les sujets ou citoyens des Etats ne
faisant pas partie de l'Union, s'ils veulent jouir de la
protection que leur assure la convention, devront être
domiciliés ou avoir des établissements industriels ou
commerciaux sur le territoire de l'un des Etats de
l'Union ; mais de quelle importance seront ces établissements? On ne le dit pas. Pour de nombreux produits
qui ne comportent pas un matériel considérable, ces
établissements peuvent n'être que de petits ateliers
dans lesquels s'opèrerait un semblant de fabrication,
et comme ces pseudo-établissements peuvent être créés
à Rio-de-Janeiro comme à Belgrade, on comprend
combien seront grandes les difficultés de contrôle, et
combien il sera facile, au contraire, d'éluder la loi au
détriment de l'industrie française, puisque la fabrication en grand des objets introduits peut avoir lieu
dans un des Etats de l'Union où la main-d'œuvre est à
bas prix.

Nous ne saurions proposer à la Chambre d'approuver
une clause qui n'est rien moins que l'abandon d'une
protection plus que jamais nécessaire de la propriété
industrielle française au profit de l'étranger.

## Art. 4.

Celui qui aura régulièrement fait le dépôt d'une demande de brevet d'invention, d'un dessin ou modèle industriel, d'une marque de fabrique ou de commerce dans l'un des Etats contractants jouira, pour effectuer ce dépôt dans les autres Etats et sous réserve du droit des tiers, d'un droit de priorité pendant les délais de priorité ci-après.

En conséquence, le dépôt ultérieurement opéré dans l'un des autres Etats de l'Union avant l'expiration de ces délais ne pourra être invalidé par des faits accomplis dans l'intervalle, soit notamment par un autre dépôt, par la publication de l'invention ou son exploitation par un tiers, par la mise en vente d'exemplaires du dessin ou du modèle, par l'emploi de la marque.

Les délais de priorité mentionnés ci-dessus seront de six mois pour les brevets d'invention et de trois mois pour les dessins ou modèles industriels, ainsi que pour les marques de fabrique ou de commerce.

Ils seront augmentés d'un mois pour les pays d'outre-mer.

Nous n'avons qu'une seule critique à formuler contre cet article : A notre avis, les délais de priorité sont trop courts; on comprend, en effet, combien seront longues et difficiles à remplir les formalités dans les divers Etats de l'Union, dont la législation diffère de la législation française. Il est donc au moins nécessaire que ces délais soient assez longs, afin que nos industriels nationaux ne soient exposés à être frappés de déchéances pour leurs inventions, dessins ou modèles industriels, marques de fabrique ou de commerce.

Ces délais, selon nous, devraient être de dix mois pour les brevets et de six mois pour les marques de fabrique, dessins ou modèles industriels, augmentés de deux mois pour les pays d'outre-mer.

## ART. 5.

L'introduction par le breveté, dans le pays où le brevet a été délivré, d'objets fabriqués dans l'un ou dans l'autre des Etats de l'Union n'entraînera pas la déchéance.

Toutefois, le breveté restera soumis à l'obligation d'exploiter son brevet conformément aux lois du pays où il introduit les objets brevetés.

Nous aurions difficilement compris le sens de cet article, dont les deux paragraphes semblent en contradiction, si nous n'en trouvions une explication dans les préliminaires de la convention, aux cours desquels M. le Ministre du commerce s'exprimait ainsi qu'il suit :

« L'article 5 contient une disposition sur laquelle il y a lieu d'insister, en ce qu'elle constitue une dérogation à la loi du 5 juillet 1844, qui régit en France les brevets d'invention.

« L'article 32 de cette loi, modifié par la loi du 20-31 mai 1856, porte, vous le savez, que sera déchu de tous ses droits le breveté qui aura introduit en France des objets fabriqués en pays étranger et semblables à ceux qui sont garantis par son brevet.

« Néanmoins, le Ministre du commerce peut autoriser l'introduction : 1° des modèles de machines ; 2° d'objets fabriqués à l'étranger destinés à des expositions publiques ou à des essais faits avec l'assentiment du gouvernement. »

Or, l'article 5 de la convention stipule :

Que l'introduction par le breveté, dans le pays où le brevet a été délivré, d'objets fabriqués dans l'un ou l'autre des États de l'Union n'entraînera pas la déchéance, avec la réserve, toutefois, que le breveté restera soumis à l'obligation d'exploiter son brevet conformément aux lois du pays où il introduit les objets brevetés.

Les titulaires des brevets français qui veulent introduire en France des objets semblables à ceux qui sont garantis par leurs brevets et fabriqués sur le territoire de l'un des États concordataires n'ont plus, en conséquence, de demande à adresser dans ce but au département du commerce, et ils peuvent introduire ces objets librement. Mais ils restent, comme par le passé, soumis aux dispositions de l'article 32 précité de la loi du 5 juillet 1844, en ce qui concerne les objets fabriqués hors du territoire d'un des pays de l'Union.

Cela veut dire, en propres termes, que chacun sera libre de se faire breveter, nous l'avons déjà dit plus haut; dans l'un des pays de l'Union où la main-d'œuvre est à bas prix et d'y faire fabriquer les objets qu'ils introduiront ensuite en France au détriment du travail de nos ouvriers.

Nous proposerions à la Chambre de protester énergiquement contre cet article, si nous n'avions à lui faire une proposition plus radicale.

### Art. 6.

Toute marque de fabrique ou de commerce régulièrement déposée dans le pays d'origine sera soumise au dépôt et protégée telle quelle dans tous les autres pays de l'Union.

Sera considérée comme pays d'origine le pays où le déposant a son principal établissement.

Si ce principal établissement n'est pas situé dans un des pays de l'Union, sera considéré comme pays d'origine celui auquel appartient le déposant.

Le dépôt pourra être refusé si l'objet pour lequel il est demandé est considéré comme contraire à la morale ou à l'ordre public.

### Art. 7.

La nature du produit sur lequel la marque de fabrique ou de commerce doit être apposée ne peut, dans aucun cas, faire obstacle au dépôt de la marque.

### ART. 8.

Le nom commercial sera protégé dans les trois pays de l'Union, sans obligation de dépôt, qu'il fasse ou non partie d'une marque de fabrique ou de commerce.

### ART. 9.

Tout produit portant illicitement une marque de fabrique ou de commerce pourra être saisi à l'importation, dans ceux des Etats de l'Union dans lesquels cette marque ou le nom commercial ont droit à la protection légale.

La saisie aura lieu à la requête soit du ministère public soit de la partie intéressée, conformément à la législation intérieure de chaque État.

### ART. 10.

Les dispositions de l'article précédent seront applicables à tout produit portant faussement, comme indication de provenance, le nom d'une localité déterminée, lorsque cette indication sera jointe à un nom commercial fictif ou emprunté dans une intention frauduleuse.

Est réputé partie intéressée, tout fabricant ou commerçant engagé dans la fabrication ou le commerce de ce produit et établi dans la localité faussement indiquée comme provenance.

### ART. 11.

Les hautes parties contractantes s'engagent à accorder une protection temporaire aux inventions brevetables, aux dessins ou modèles industriels, ainsi qu'aux marques de fabrique ou de commerce, pour les produits qui figureront aux expositions internationales officielles ou officiellement reconnues.

### ART. 12.

Chacune des hautes parties contractantes s'engage à établir un service spécial de la propriété industrielle et un dépôt central pour la communication au public des brevets d'invention, des dessins ou modèles industriels et des marques de fabrique ou de commerce.

Les articles qui précèdent ne nous paraissent susceptibles d'aucune objection.

ART. 13.

Un office international sera organisé sous le titre de *bureau international de l'Union*, pour la protection de la propriété industrielle.

Ce bureau, dont les frais seront supportés par les administrations de tous les autres Etats contractants, sera placé sous la haute autorité de l'administration supérieure de la Confédération Suisse, et fonctionnera sous sa surveillance; les attributions en seront déterminées d'un commun accord entre les Etats de l'Union.

Il nous est difficile de nous rendre compte des motifs qui font placer le bureau international de l'Union en Suisse, c'est-à-dire dans un Etat dont la législation en matière de propriété industrielle diffère complètement de la législation française et qui ne protège ni les brevets d'invention, ni les noms commerciaux. N'est-il pas à craindre que, dépositaires de tous les titres et documents, les "nationaux de la Confédération n'en profitent pour faire aux inventeurs français une concurrence encore plus active, plus redoutable que celle contre laquelle ces derniers soutiennent une lutte pénible et onéreuse? Nous le craignons, et c'est pour cela que nous croyons devoir proposer à la Chambre d'appeler l'attention de M. le Ministre du Commerce sur ce point.

ART. 14.

La présente convention sera soumise à des revisions périodiques, en vue d'y introduire les améliorations de nature à perfectionner le système de l'Union.

A cet effet, des conférences auront lieu successivement dans l'un des Etats contractants entre les délégués des dits Etats.

La première réunion aura lieu en 1885, à Rome.

Cette réunion a été prorogée au mois d'avril 1886.

### Art. 15.

Il est entendu que les hautes parties contractantes se réservent respectivement le droit de prendre séparément entre elles des arrangements particuliers pour la protection de la propriété industrielle, en tant que ces arrangements ne conviendraient point aux dispositions de la présente convention.

### Art. 16.

Les Etats qui n'ont point pris part à la présente convention seront admis à y adhérer sur leur demande.

Cette adhésion sera notifiée par la voie diplomatique au Gouvernement de la Confédération Suisse, et par celui-ci à tous les autres.

Elle emportera de plein droit accession à toutes les clauses et admission à tous les avantages stipulés par la présente convention.

### Art. 17.

L'exécution des engagements réciproques contenus dans la présente convention est subordonnée, en tant que de besoin, à l'accomplissement des formalités et règles établies par les lois constitutionnelles de celles des hautes parties contractantes qui sont tenues d'en provoquer l'application, ce qu'elles s'obligent à faire dans le plus bref délai possible.

### Art. 18.

La présente convention sera mise à exécution dans le délai d'un mois, à partir de l'échange des ratifications, et demeurera en vigueur pendant un temps indéterminé, jusqu'à l'expiration d'une année, à partir du jour où la dénonciation en sera faite.

Cette dénonciation sera adressée au gouvernement chargé de recevoir les adhésions. Elle ne produira son effet qu'à l'égard de

l'Etat qui l'aura faite, la convention restant exécutoire pour les autres parties contractantes.

### ART. 19.

La présente convention sera ratifiée, et les ratifications en seront échangées à Paris, dans le délai d'un an au plus tard.

En foi de quoi, les plénipotentiaires respectifs l'ont signée et y ont apposé leurs cachets.

Fait à Paris, le 20 mars 1883.

On ne saurait se méprendre sur le but de la convention internationale dont nous venons de faire connaître à la Chambre le texte tout entier.

Empreinte de cet esprit d'innovations économiques prématurées contre lesquelles s'élève, avec juste raison, la grande majorité des industriels français, elle cache mal, sous la forme spécieuse ou ambiguë des termes, les tendances doctrinales d'une école qui en poursuit avec plus de persistance que de raison et par tous les moyens l'application, sans se préoccuper des répulsions fondées qu'elles inspirent à tous ceux qui ont à cœur la prospérité de notre pays.

Les sophismes économiques des promoteurs de l'Union et de la convention à laquelle elle a donné lieu sont loin de nous avoir convaincus des avantages qu'ils prétendent devoir résulter pour notre industrie de clauses étrangement contradictoires, dangereuses ou exclusivement favorables à l'aggravation de la concurrence des inventeurs étrangers que contient cet acte, acte inopportun et dont les bases, d'ailleurs, n'ont été soumises qu'à une étude incomplète des situations respectives des Etats contractants.

En conséquence, nous avons l'honneur de proposer à la Chambre :

1º De demander à M. le Ministre du commerce la dénonciation de la convention de 1883, ainsi que lui en donne la faculté l'article 18;

2º D'attendre pour lier de nouveau la France avec les Etats qui ont adhéré à ladite convention que leur législation pour la protection de la propriété industrielle, au point de vue de la réciprocité, soit conforme à la législation de notre pays;

3º Qu'avant de conclure une nouvelle convention, M. le Ministre du commerce veuille bien en soumettre le projet aux Chambres de commerce françaises.

*Le Président,*

COURTOIS DE VIÇOSE.

*Le Rapporteur,*

EDMOND DE PLANET.

La Chambre donne son entière approbation au rapport dont M. de Planet vient de donner lecture; elle décide qu'il sera imprimé et adressé à M. le Ministre du commerce et de l'industrie, ainsi qu'à toutes les Chambres de commerce.

Toulouse imprimerie DOULADOURE-PRIVAT, rue Saint-Rome, 39. — 1842

www.ingramcontent.com/pod-product-compliance
Lightning Source LLC
Chambersburg PA
CBHW070208200326
41520CB00018B/5546